BENKŐ ANDREA

Átszűrt
suhanások

Az illusztrációkat Bata Emese készítette.

novum ▲ pro

Ez a **könyv**
e-könyvként
is elérhető

w w w . n o v u m p u b l i s h i n g . h u

© 2023 novum publishing

ISBN 978-3-99131-981-8
Lektor: Sósné Karácsonyi Mária
Borítókép és illusztrációk: Bata Emese
Borító, tördelés & nyomda:
novum publishing
Szerzői fotó: Benkő Andrea

www.novumpublishing.hu

Climate neutral
Print product
ClimatePartner.com/16547-2201-1002

Tartalomjegyzék

Úgy...

Úgy lépek be életedbe,
Mintha árnyék sose lenne.
Úgy bolyongok világodban,
Mint szivárvány csillagokban.

Úgy tekintek éj szemedbe,
Mint a múló végtelenbe.

Úgy alszom el két karodban,
Mint rőt alkony kék habokban.

Úgy vallatlak sorsom felől,
Mintha sorsom sorsod volna.

Úgy lépek ki életedből,
Ahogy porszem hull ki csöndből.

Emlékeim viharába temetve

Emlékeim viharába temetve
Vad sámándobok harsonázzanak
Elvetélt szerelmeimet feledve
Körültáncolom halottaimat.

Szemed szivárványszíneit keresve
Bolyongok én a csöppnyi létben
Minden feketét színesre színezne
Kezem, mely átnyúl tér-időn érted.

Naplabdát görgető parányi léted
Bukni kényszeríti a hamisat
Szeretném titkom megosztani véled
Lebontva végleg az óvó falakat.

Emlékeim viharába temetve
Elvetélt szerelmeimet feledve
Szemed szivárványszíneit keresve
Minden feketét színesre színezne
Naplabdát görgető parányi léted
Szeretném titkom megosztani véled.

Vad sámándobok harsonázzanak
Körültáncolom halottaimat
Bolyongok én a csöppnyi létben
Kezem, mely átnyúl tér-időn érted
Bukni kényszeríti a hamisat.
Lebontva végleg az óvó falakat.

Emlékeim viharában fogva tartlak,
Málló kőpiramist az Idők ölén.

8

Nézlek örök

Nézlek örök nézésemmel,
Várlak tűnő ébredéssel,
Hívlak ölő akarással,
Ölellek égőn, boldogan.

Látlak igaz, nagy harcodban,
Feltűnsz zúgó, vad habokban,
Mint Mária a Jézus testét,
Tartlak őrző két karomban.

Szeretlek

～✲～

Sejtjeid Zenéje Elringat,
Redőnyt Ereszt Titkaimra,
Lágyan Emelve Koszorúját.

Mosolyt Int Nékem Tétován
A Szél-Zúgású Óra.

Adnék Grániterős Oltalmat Néked,
De Oly Lélekölő, Ami
Tiltott. Olybá Tűnik:
Mázsás Erős Láncok nYílnak
Belőled, Ölni Lökők.

Sudár Zerge Ünő Lépeget Egy
Temető Illatú Kertben.

Szeretlek,
Mint a Szó
A Gondolatot,
Melyből születik.

Te még nem tudod

Te még nem tudod,
De sejtjeid már készülnek
A nagy utazásra,
A nagy harcra
    Ellenem,
Mikor majd a láng hevületében,
Örvénylő-szűkülő spirálként
Ereimben csörgedezel,
    S elfogyván,
    Belém halsz.

Lángöblű koporsód vagyok,
Újjászületsz bennem,
Elmerülve misztikus,
Éjsötét szemeimben.

Emelj föl

Mélytengeri sóvárgás vagy,
Kinek szívén nem gyúl szikra,
Egyre múló vágyódás vagy,
Hamis gyöngyök olcsó titka.

Lassan fogyó akarás vagy,
Virág nélkül nyíló falomb,
Az ellenség oldalán vagy
Szemfényvesztő, bolygó majom.

Míg elszívják véredet
Akaratos vérebek,
S átfordítják énedet,
Mintha élnék életed,
Elnémítják éneked.

Míg egy párka rabja vagy,
Kinek csak a hangja nagy,
Addig csak egy hangya vagy,
Vagy egy gólya torkában
Kalimpáló rút varangy.

Fellegvára egy buta,
Akaratos ürességnek,
Kitől még a szeretett
Teremtő se védhet meg.

Ki tompítja fényedet
Úgy, hogy hozzám el ne jusson,
Ki úgy őrzi életed,
Hogy reményem szertefusson.

Így hiányod borús fátylán
Szűröm át a fényeket,
Mi bánatot aggatott rám,
Hogy leráznom nem lehet.

Törött szárnyú főnix-madár,
Átok ül meg tollad alatt.
Rázd le, rázd le azt az átkot,
Hogy feltámadj mihamarabb.

Emelj föl a hiányodból,
S én megteszlek istenemnek:
A mindenséget kormányozó,
Verhetetlen kisgyereknek.

Mélytengeri kagyló leszel
Gyémánt-tüzű igazgyönggyel,
Lángcsóvájú üstökösként
Örökkön izzó akarás.

Vérednek új kútja fakad,
Fényt árasztó szellemedben
Új gondolat, virág nyílik,
Szabadságod rácsa omlik.

Hívlak esdő

Hívlak esdő lázadással,
Betakarlak szélzúgással,
Rád terítem fénytelen,
Összerongyolt életem.

Kereslek egy hópehelyben,
És meglellek bíborgömbben,
Barna csikók játszadoznak
Hóvirág-húsú szemedben.

Hallgatom az Idők hangját,
Pengetem a Titkok lantját,
Jégszirommal befújt réten
Őrizlek, mint aranyalmát.

Holtomiglan

Holtomiglan vasfogakkal téplek,
Megőröllek, szétszaggatlak,
De te atomjaidra szedve
Sem változol.
Vagy, mi voltál,
Egy halódó húsba bezárt
Percnyi öröklét,
A megfoghatatlan
Szökevény valóság.

Elborítlak

Elborítlak mindenemmel,
Vérem, csontom érted gyűjtöm,
Életemet néked küldöm,
Csillagporba temetkezem.

Vérem, csontom néked gyűjtöm,
Életemet érted tűröm.

Vérem, csontom néked hordom,
Életemet véled osztom.

Vérem, csontom véled őrzöm,
Életedet megkettőzöm.

Elborítlak
Mindenemmel,
Életemmel.
Vérem, csontom
Véled osztom,
Néked hordom.
Mindenemet
Érted őrzöm,
Életedben
Elrejtőzöm.
Érted ontom
A fényeket,
Érted ontom
Ki véremet,
Temetkezem
Csillagporba.

Ars poetica nocturna

~⌘~

Álmodtam súlyosan libegő,
Fény-erekbe vesző,
Sebes héja-szárnyakat.
Sötétek voltak, mint a kárhozó.

Csőrükből harmattá vált vérük hullt
Virág-kehely kezemre.
Fájó vérük sűrűn hulló,
Két kezemet elborító,
Elsuhanó rejtelem.

Mit testükből kiszikkasztott,
Felitta a fájdalom.
Éreztem, hogy sorvadoznak,
Mámorosan szörnyethalnak.

Miért e sebes suhanás,
Halálon át célba-érés,
Magát-veszejtő diadal?

Válaszként egy forró vérrög
Bomlott cseppjeire,
S folyt keresztül szívemen,
Hogy szállni vágytam én is vélük,
Vérem virág-kehelyre csorgatón.

Felnéztem tűnő mártír-testükre:
Fent az égő napkorongba
Egytől egyig belevesztek.
A fény kihunyt, s én ott álltam,
Csordultig e drága nedvvel.

Átszűrt suhanások

Átszűrt suhanások
Villódznak testeden.
Fájó hanghullások
Dermedeznek velem.
Gondolataid áttetszenek,
Mint olvadt hókristályok.
Gondolataid szemeden átlátszanak,
Mint vad véred foglalatja, ered kékje.
Átlátszó vagy, s áthatolhatatlan.

Este van. A fák zöldje mélyen hallgat,
S egy lila kis felhő ott játszik a homlokodon.
Harmatcseppek kristálypora gördül a puha avaron.

Rendhagyó ima

Ne érintsen téged a Szenvedély ujja!
Tiszta és szabad leszel
Mindenáron.

Emberi karok ölelnek,
A bikák másokat öklelnek,
Jajgattató rikoltásuk
Hallhatatlan te számodra.

Ha meghalsz is,
Mint tiszta gyermek kelsz föl újra,
Ajándékot osztogatva.

A fájdalom szülte csendben,
Tiszta hangod meghallják majd
Az emberek.

Még sóvárságom sugarai hozzád elérnek,
Parancsoló testünk megköveteli jussát,
Összeforraszt még egy őrült pillanat,
Nem lelvén helyét az Időben.

Hogy merre kószál,
Nem tudom, ha elengedlek,
A Megfoghatatlan.

Ki lép, csak sárba léphet,
Ha közeledik, s nem elhalad,
S rárakódnak maró, iszapos
Föld-kavicsok.

Belsejükből kipattan
És rád zúdul a Szenvedély,
S te egy ámokfutó futásával
Menekülhetsz,
Ha tudsz.

Hogy merre kószál,
Nem tudom, ha elengedlek,
E Megfoghatatlan.

Aztán jön egy őrült pillanat,
Még egy, és még egy
Mámoros pillanat-zápor.

Nincs szövevény, nincsen hínár,
De ólom-függönyük mögött
Fel-feltűnik egy másik, ami eljön,
Ránk borítja komor terhét:
Ki nem mondott,
Széttörhetetlen igazát:

Ki sárba lépett,
Sose akar már tiszta lenni,
Kit nem érintett,
Az sose fog sárba lépni.

A sárba lépő
Sárba húzna,
Mélyebbre
És még mélyebbre,
De nem lehet
És nem lehet,
Mert a Tiszta csak lebegne.

Lebegj mégis, Megfoghatatlan!
Nincs jogom, hogy megmutassam
A Föld-kavicsokba zárt tisztaságot,

Végül is tiszta,
Akinek az ajándékát
Elfogadják az emberek.

Lépteid nesze ne ébressze az alvót,
Ujjaid ne érjenek borzongó testeket,
Szemed elől rejtőzködjön
A riadalom.

Ha majd...

~~✦~~

Önzésed önzésemet önzetlenné tette.

Közönyöd: önzésed szépsége.
Önzésed: szépséged közönye.
Szépséged: önzésed börtöne.

E fenséges szörnyetegek
Lassanként körmeikkel
Feltépik fenevadat őrző
Liliom-burkomat.

Szétporladó varázslatod
Ébresztgeti e fenevadat.
Körme nyoma rajtad örök
Sebet ejtett.

De:

Ha majd lágy redőkbe
Burkolt testemet
Kibontod,
A rád tapadó szennyet
Nem mossa le semmi.

Vackor

~~

Hiába űzöm múltad
Meghasonlott ábrándjait,
Mit két kezembe foghatok,
Csupán friss vackor-illatod.
Vártalak, s most egyre űzlek,
S megölellek.

Rosszkor jöttél, kérlelhetetlen.
A meghittség, mit adni tudsz,
Mintha pattogó tűz kecses tánca
Igézné a hópelyheket.
Nem kértelek,
Csak féltelek.

Titkaim

Hamuszürke sóvárgásban
Bársony ölelés,
Szirombontó pillantásban
Márványtest, nehéz.

Szemed fénylő éjködében
Kavargó álmok,
Felbuknak, majd alátűnnek.

Titkaim, mint tépett foszlány,
Velük zuhannak,
S elenyésznek vágyak ormán.

Hangtalanul

Hangtalanul sírok,
Nincsen menedékem,
Egymagamban állok,
Éltedet reménylem.

Míg könyörtelen
Inda-karod
Fogva tart,
Gyöngyház-fényű
Tekinteted
Oltalmazó
Hívásától
Éledek,
Lassan felébredek.

De ha majd egyszer
Abroncs-karod
Elereszt,
Kihamvadt-tűz
Tekinteted
Esedező
Búcsújától
Álmodom,
Lassan átváltozom.

Zajtalanul járok,
Titkokat könnyezem,
Semmire se várok,
Búban elrejtezem.

Életed – Életem

Harmatos vérben fürösztöttelek,
Esőből, sárból tapasztottalak,
Kín-vörös agyagból magam gyúrtalak,
S megszülettél:
Lettél súlyosan szárnyaló
Árnyalak.

Hallgatag jajommal meghorzsoltalak,
Aranyló homokkal betakartalak,
Játékból kócos csont-komoly vadóc,
S rám nevettél:
Málló oltárnak áldozó
Pillekóc.

Szivárvány ölemben elringattalak,
Álmodó kezemmel simogattalak,
S elégettél:
Csorgó kínnal megöntöztem
Sírodat.

Zajtalan ár

Ha átjutottál hordalékán
E homokszínű, lusta,
Zajtalan árnak,
Hordozva magadban szilánkjait
A megtört holnapoknak,
Nézz vissza, kérlek:

Ez volt hát,
Mit ablakra karcolt
Jégvirágos télen a kéz?
Ez volt az Élet?

Ó nem, ne hidd,
Csak szunnyadás volt,
Ócska hóbort,
Méla csacskaság.

Az eltékozolt percek mélyén,
Egymással fent kések élén,
Ott keresd
Az elkobzott életet.

Arcod szilánkokra tört
Lelkem ólomkacatjai közt:
Összeszedheted.
S visszakérheted az átélt mámor
Legutolsó cseppjeit.
Ha átjutottál, már nem lesz nehéz,
Mit alkottál, nem érinti kéz,
Nincs mit féltened.

Nézz vissza, kérlek:
E homokszínű, zajtalan árnak
Iszap-borította fenekén
Egy moha-födte kavics voltam én,
Mit eldobtál bár,
Mégis ottmaradt,
A zajtalan ár alatt.

Nem találtam rád

Egy szótlan, halálleső reggelen
Elindultam, hogy megkeresselek
Téged, kiről vágyaimat mintáztam.

De nem találtam rád.
Rekedt hangon üvöltöttem,
S bénult karral öleltelek
Láthatatlanul.

Mert benned éltem,
Nem hallhattam hívó szavad,
Mely most őrültként ekhózik
Kongó szívemben.

Bamba ájulással figyelem,
Hogyan mossa el
A felszökő könnypatak
Lépteid nyomát.

Kőarcodat simogatom.
Képzelt könnyed kőként koppan
A kövezeten.

Nincs már út

Nincs még út, mely hozzád elvihet,
Minden ösvényt betemet a hallgatás,
Minden szó hozzád ér, téged simogat,
S én csöndben megadom magamat.

Céltalan minden lépés, mi távolít,
Oktalan a féltés, kérelem,
Elszunnyad a vágy a magány sós öblén,
S ölelésében vergődöm én.

Nincs még út, mely hozzád elvihet.
Nincs már út, mely tőled elvezet.

Nélküled

Bénán topogó léptek koppanása
Üresen kong a metsző-kék fényben,
Kezem érint, és közben arra gondol:
Nélküled leláncolt fogolyként éltem.

Ártatlan bűnök sajgó lázadása
Sírig tartó bélyeget mart belém,
Te Ördög követe, vagy Isten áldása:
Nélküled csak halott kagyló voltam én.

A végzetem

Örök játék, szemfényvesztés
Mi lényegem.
Játszi tündér, megtévesztés
Az életem.

Megsebzettél, raboddá tettél,
Te szerelem.
Egy érzéketlen ismeretlen
A végzetem.

Hatsoros önarckép

Lábamon súlyos vasbilincsek,
Két kezemhez vér tapad,
Fejemen őszülnek már a tincsek,
Szívem örök jég alatt.

Szememben, mint varázstükörben
Láthatod meg önmagad.

Emlékké lettél

Még meg se születtél,
Máris emlékké lettél.
Még nem is kértelek,
S most féltelek.

Még nem is akartál,
És én már elküldtelek.
Még meg se halhattál,
S eltemettelek.

Meg se ismertelek,
S már elveszítettelek,
Nem remélhettelek,
Csak szerettelek.

Még semmit se adtál,
Tenger fájdalmat hoztál,
Mindenem te lehetnél,
Alázatossá tettél.

Még mindent adhatnál,
Bár semmit se kérhetek,
Elvarázsolhatnál,
Ha megértelek.

Még feloldozhatnál
Súlyos bűneim alól,
Boldoggá tehetnél
Talán valahol.

Meg se találtalak,
Máris megcsaltalak,
Még meg se öleltél,
S már emlékké tettél.

Szavaid

Arcod megfakult képmását
Tíz körömmel kaparnám le,
De mélyen beitta magát
Minden egyes agysejtembe.

Hangod barna bársonyának
Zúgó-patak morajlása
Körülkerüli lelkem tükreit,
S átölelve fogva tartja
Legféltettebb titkaim
Szemed hamvasszürke pillantása.

Kezed érintése oly simogató,
Szemed pillantása oly mámorító,
Öled ringatása oly enyhet adó,
Hogy egész testemet átjárja
A ki nem mondott szó.

Szavaid, mik nékem szólnak,
Bennem kivirágoznak,
S gyümölcsei rád visszahullanak.

Éveim

Éveim, mint ősszel az avar,
Áttetsző levelekként rakódnak egymásra.
Késő esti szél rázza, tépázza a fákat,
S peregve hullanak az eltékozolt napok.
Örökkön-örökké egymagamban vagyok.

Szívemben belülről rusnya féreg rágcsál:
Minduntalan éhes, áldozatát leső,
Megoszthatatlan magányom.
Sohasem-volt emlék feltolul,
Ravatalig magasztosul.

Éveim fojtogatnak,
Száz karukkal megölelnek,
Szarvaikkal felöklelnek.
Éveim nem én vagyok.
Én az utolsó évem vagyok.

Oly kevés

Csontomig hatoló kín,
Szívembe markoló kés,
Mit adni tudsz,
S mindez oly kevés.

Letagadott vágyak,
Ólomtestű árnyak,
Elvetélt ölelés,
Kísértetként,
Nyomomban járnak.
És:
Amikor nem látlak,
Lelkem át- meg áthatja
Bíborhajnal szenvedés.

Megsebzett illúziók

Festett vágyak, képzelt csodák,
Érzésfoszlányok, kalodák,
Amik közt lakom,
Ez az otthonom.

Halott csókok, öldöklő bikák,
Megtépázott papírfigurák
Életre kelnek,
Ha hagyom:

Az Idők ölén elringatott,
Éjsötét szivárványköd-álmok,
A ki nem mondott szó
Labirintusában fogva tartott,
Másoknak koncként odadobott,
Megsebzett Illúziók.

Lehet...

Lehet, hogy csak
A szemedben tomboló vágy
Pokoltüze éget engem.

Lehet, hogy csak
Az érzékek hamis játékának tánca
Incselkedik velem.

Lehet, hogy csak a lelkem
Vágyik ölelkezni véled,
Oly gyönyörökre szomjazva,
Miket a test el nem érhet.

Lehet, hogy csak
Hamis gyöngyök olcsó titka
Tölt be engem.
S zsarátnoknak pőre hamva
Szunnyad bennem.

Lehet, hogy csak
A Szó akar megszületni bennem,
S téged erre eszközül szán
Csupán a lelkem.

De

Lehet, hogy te vagy,
Ki bennem megszólaltatod
Az évek óta elhallgatott,
Hangot soha ki nem adott,
Rég elhagyott és eldobott,
Szakadatlanul fájó,
Ezer alakba váltó,
Örökkévalóságra vágyó,
Istenadta húrt.

A hallgatás béklyójában

Lelkemen halálos
Sebet ejtettél,
A hallgatás komor
Béklyójába
Vertél.

Szívembe örökös kételyt
Ültettél,
Gondolataimra homályt
Eresztettél.

A gyász mély kútjába
Merítettél,
Testemre jeges halált
Terítettél.

Szemeimből kiapadhatatlanul
Vérzik a szó,
De az sem elég ahhoz, hogy
Lemossa a szégyent,
Mi ki nem mondható.

A Semmi sivatagában

A Semmi sivatagában
Nyugtalanul kószál
Egymagában
Elhagyott szívem.

Az Idő a percek vas-szorításának
Kéjes mámorában
Visszafelé múlik,
Árnya ráterülve
A megfáradt tájra,
Hosszúra nyúlik.

A Semmi sivatagában
Reménytelenül járva,
Mindig valami el nem
Következőre várva,
Kínban és mocsokban
Már térdig tapostam,
Nem létező arcodat
Halottra
Csókoltam.

A Semmi sivatagában
Tilalomfa gyümölcse vagy,
Örvényében az Időnek:
Vándor, akit egyre űznek.

Késő már

Késő már, hogy
Visszahozd nekem
A Visszahozhatatlant,
Késő már, hogy
Megoszd velem
A Megoszthatatlant.

Késő már, hogy elfeledtesd
A sok-sok szenvedést,
Hogy velem megszerettesd
A kínzó rettegést.

Késő már, hogy elaltasd
Csontig sajgó vágyamat,
Hogy elringasd és betöltsd
Képzelt magányomat.

Késő már, hogy betakargasd
Fázó lelkemet,
Hogy begyógyítsd
Emlékek hiányától
Vérző sebeimet.

Késő már, hogy meghallgasd
Hozzád szóló szavaimat,
Hogy igaz hittel átadhasd
Nekem fájó titkaidat.

Késő már, hogy átsegíts
Az emlékeket könnyező
Érzések gyémánt erdején,
Hogy elfeledtesd
Vagy meghazudtold
Mindazt, mi voltam
Egykor én.

Vérben, gyönyörben

Én semmit soha nem kérdeztem,
Ennyi sebből nem véreztem,
Semmi fájdalmat
Nem éreztem,
Csak vétkeztem, csak vétkeztem.

Szerelemre soha nem éheztem,
Soha meg nem mérettettem,
A szerelem nyoszolyáján
Halott álmot dédelgettem.

Előtted már csontig levetkeztem,
Tenger bűnben merítkeztem,
Minden vétkem elkövettem,
S egyiket se szégyellettem.

Már egyekké lettünk
Búban, örömben,
Egyesüljön testünk
Vérben, gyönyörben.

Szerelmeim

Sose hittem, hogy egyszer majd
Olyan mélyre süllyedek
A lélekvesztő vágyak
Szürke mocsarában,
Hogy szégyellnem kelljen
Az egész világ előtt
Legféltettebb kincseim:
Gyönyör-kín
Márvány-szín
Érzéseim:
Kifosztott, megsebzett,
Elgyötört, s elvesztett,
Megalázott
Szerelmeim,
Egyetlen gyermekeim.

Kikötözött Androméda

~⌁~

Az emlékek kristálypor-mezején
Hamis bálvány, kitömött báb
Voltam én.
Most testetlen kő lakik
A szívem helyén.

A mindennapok mocsarában
Megvívott ádáz harcok mezején
Szemfényvesztő megalkuvó
Voltam én.
Most kagyló vagyok, aki
Igazgyöngy-várral
Próbál könnyíteni
Maró szégyenén,
Falat emelve
A szenny köré,
Hogy

Ne fájjon úgy a tüske,
Ne haljon belé.

Márványerezetű remények tengerén
Mindig révbe jutó hajós
Voltam én.
Most kikötözött Androméda
Vagyok
Kétely-szirtek tetején.

A húsomból
Vígan lakmározó
Szörnyek
Már lustán elnyúlva
Hűsölnek
Hazugságok és színlelések
Homokfövenyén.

Minden, mit adhatok

Minden, mit adhatok
Csupa jajszó, könny, mocsok.
A megtépázott fák árnyait
Körüllengi évezredes titok.

Sírom bontom ágy helyett,
Amikor rád gondolok,
De tudom, hogy odafönn
Mosolyognak a céda angyalok.

Fáj, hogy nélkülem vagy ott,
Ahol én nem vagyok,
Hogy átölelnek védő,
Tőlem oltalmazó karok.

Semmit se kérhetek
És semmit se adhatok,
Az élet rögös útján
Már lehajtott fővel ballagok.

Egy éjre vagy egy életre
Emelj föl a végtelenbe.
Gyermekemmé lettél.
Nincstelenné tettél.

Csalfa hűség, elcsent napok,
Sajgó magány, örök talány,
Jég alatt égő titok
Minden, mit adhatok.

Nincs számunkra hely

~ფ~

Oly közel vagy hozzám,
Hogy az egész világot
Arcod áttetsző kontúrján
Át látom,
S minden,
Szeretkezés nélkül töltött perccel
Egyre közelebb.

Mint kivert kutya,
Oly megsemmisülten
Kullogtam el tőled:
Még enyém se vagy,
S elveszítettelek.
Megint úgy teltek a percek,
Hogy meg se ölelhettelek.

Őszinteség, hűség már
Ócska ólomkacatok csupán.
Vonszolom őket megkötözve,
Tövisekkel kivert magányos utam
Bíbor parazsán.

Múltam s jelenem
Gyönyörűségektől
És szomorúságoktól
Terhes zsákját
Többé le nem tehetem,
A boldogság álca-álarcát
Soha le nem vehetem.

Oly közel vagy hozzám, s mégis:
Áthatolhatatlan lépés távolít
Délibáb vagy hazugságok fényködében:
Nincs számunkra hely
Se Térben, se Időben.

Úgy ölelj...

A majd egyszer
Végre feltett kérdésemre
Úgy felelj,
Hogy elaltasd
A vágyat és a kínt,
Eltüntesd
A magányt és a sírt,
Hogy életet adj,
Örökkévalót,
Tápláld bennem
Érzéseim bővizű
Forrását,
A Kiapadhatatlan Szót.

Ha majd egyszer
Végre átölelsz,
Úgy ölelj,
Hogy soha többé
Ne higgyem el,
Hogy két karodnál
Erősebb
A Halhatatlanság kapujában
Ólálkodó,
Életemre már régóta
Szomjazó,
Lelkem martalékul
Magának akaró,
Verhetetlen Halál.

Ha utad egyszer
Tőlem végül elvezet,
Úgy menj el,
Hogy gyöngéden rám
Édes halált lehelj,
Mely bekeríti magányomat,
Mint szellő a sírhantomat,
Hogy magaddal vidd
Lelkem sötét árnyait,
Bársonyfényű, árván hagyott
Vágyait,
Tétova talányait,
Kifosztva ágyamat,
Megölve fájdalmamat,
Hogy ne kelhessen életre
Soha többé
A Halhatatlan,
Mégis cserbenhagyott,
Minden érzést rég elaggatott,
Múlhatatlan Szerelem.

Begubózva

Begubózva
Széttört szavakba,
Kiűzetve
A Múlt Paradicsomából,
Bú-kaviccsal megrakottan,
Vonszolom magam
Elhagyottan.

Akárhová jutok,
Csak egyedül vagyok,
És semmi mást, csupán
Csiga-nyomot hagyok
Az Élet
Homályosra koptatott,
Láthatatlan ablaküvegén.

Amikor már minden szertefoszlott

~~~ॐ~~~

Amikor már minden szertefoszlott,
És hitem nem ér fel a csillagokhoz,
Mint könnyű álom,
Úgy tűnsz tova
Kifosztott lelkem
Bíborfény mezején.

Amikor már mindent kifordított,
Hazugság és ármány megcsonkított,
Mint vad tajték,
Úgy tűnsz tova,
Meghasonlott álmok
Aranyló ködtengerén.

Amikor már mindent elringatott,
Minden értéket szétszaggatott,
Életem torz tükre,
Szemed,
Úgy tűnik tova,
Mint jégkristály
A kiömlő vér alatt.

S mi belőled megmarad
– egy marék hamu a szívem alatt –,
Azt őrzöm én,
Amikor már minden szertefoszlott.

Átok és oltalom

~~~

Átok és oltalom,
Két könyörtelen hatalom.
Mindkettőhöz vér tapad,
A hallgatásból könny fakad.

Sikoly és mosoly az arcodon,
Oly kérlelhetetlen oltalom,
Oly számkivetve járok,
Oly lemoshatatlan az átok.

Már nem tudom, miért létezem
Már nem tudom, hol a szerelem.
Átok és oltalom
Átölel engem, ha akarom,
S megöl téged, ha hagyom.

Amikor a vágy elhal

Úgy szerettelek, mint medrét a folyó,
Mint tápláló patakocskáit a tó,
Nem tudtam, hogy mindez nem elég,
Hogy szégyenem az arcomra ég.

S te úgy szerettél, mint hegy a völgyét,
Mint szomjazó mező a felhő könnyét,
Nem tudtad, hogy mindez oly kevés,
Hogy lassan betemet a szenvedés.

Betemet a szenvedés,
Ha meghalt az ölelés,
S az értelem lényegének mélyén
Gyűlik s tobzódik
A mindenben ott lakozó,
Lélek-fosztó cselvetés.

És:

Amikor a vágy elhal,
Az érzések vad haláltáncot járnak,
Életre kelnek az elfeledett árnyak,
És én könyörületért fohászkodom.

De
Nincs könyörület,
És nincs oltalom,
Nincsenek vágyak,
Csak sírhalom.

Mert
Jajgat a szó
Makacsul
Az ajkadon.

Csak szürke visszfény
Cikázik arcodon,
Csak távolodó lépteid
Nesze hallik
A lehulló avaron.

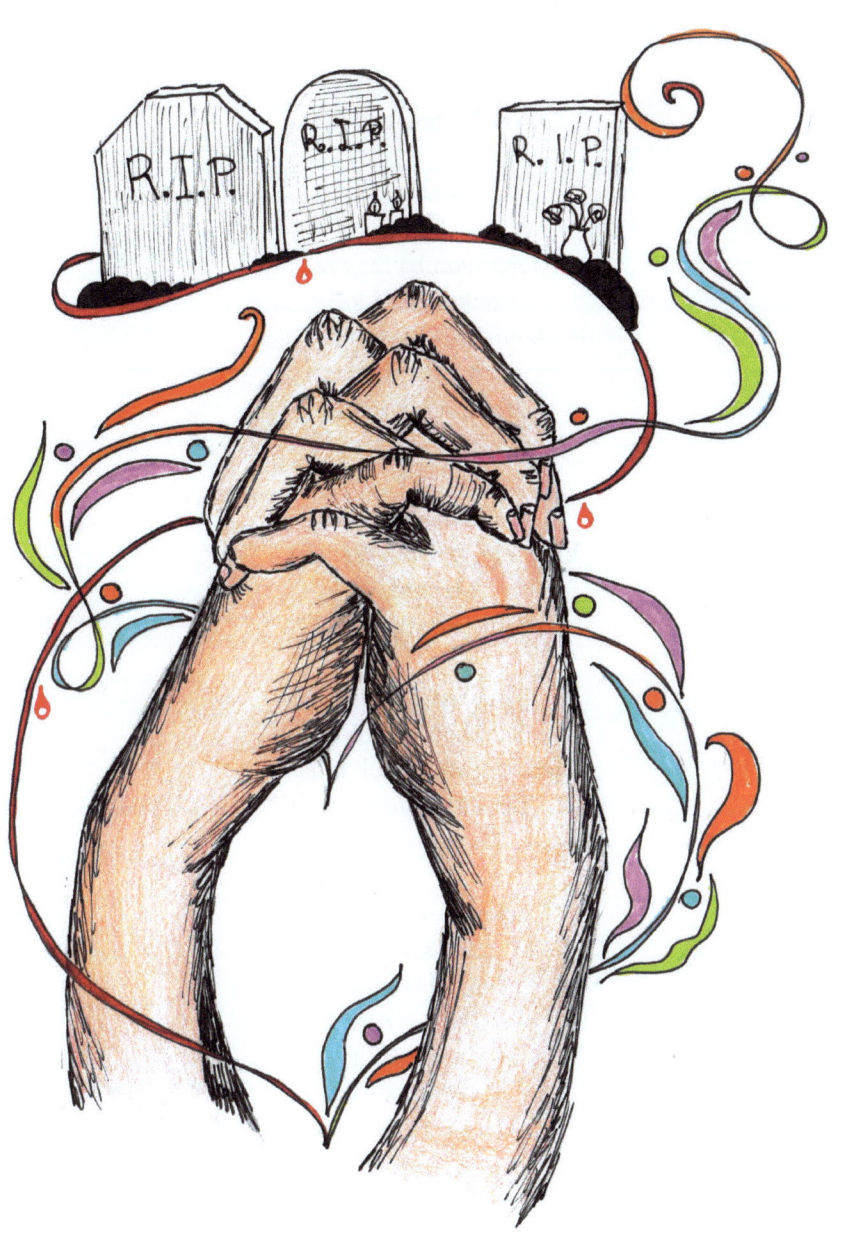

Örökkön-örökké

Magányomba fagyva
Örökkön-örökké
Elnézem, mint foszlik szét
A lelkem
Titokzatos köddé.

Szerelemre vágyva
Örökkön-örökké
Elnézem, mint halványul
A tested,
S válik puszta röggé.

Oltalmat remélve
Örökkön-örökké
Elnézem, mint válok lassan
Tested mámorító
Börtönévé.

Kifosztva, megverve
Átkozva-szeretve,
Sebekkel borítva
Örökkön-örökké
Elnézem, mint
Magasztosul
A bánat benned
Gyilkos örömmé.

Nekem – Neked

Nekem:
Perzselő tűz, mi éltet-eléget,
Boldogság-sziget,
Mit soha el nem érek,
Őrület, mi magával ragad,
Pillanatnyi meghittséget ad,
Bíborfényű oltalom,
Szétporladó, drága hatalom,
Vágy, kívánás,
Majd megbánás.
Gyémánt-tűz, vér és salak.
Én mindig magamnak akartalak.

Neked:
Eleven hús, mi vágyat ébreszt,
Szépség, igézet, távoli fény,
Csöndes vágyakozás, halk erény,
Piciny lángocska, titok, remény,
Bűvölet, mit el lehet unni,
Szalmaláng, mit el lehet fújni,
S megmaradni érintetlenül,
Jéghideg tömbként
Lélekben
Legbelül.

Mint kóbor eb

Mint kóbor eb, oly számkivetetten,
Mint leláncolt rab, oly megkötözötten,
Mint haldokló, az életnek oly elkötelezetten,
Hívlak, várlak, őrizlek és féltlek,
Nem vádollak, és csak arra kérlek,

Hogy

Mint megfogant magzat, oly szelíden,
Mint álmodó kéz, oly könyörtelen,
Mint tétova szó, oly reménytelen,
Kelts életre sírhantomból,
Oldozz föl a magányomból.
Mint halk gitárszó, oly andalítón.
Mint az anyaöl, oly simogatón.

Érc-csöndben Kószáló

Kín hangja ércnél élesebben kongó,
Csapdába esett vadkannál
Hangosabban rikoltó,
Eleven csöndben foszlányokra bomló,
Jéggé dermedt
Kiáltás
Magányosan kószál
A lélek halott köd-peremén.

Lélek talánya,
Komor titkot bontó,
A Megalázottság trónusát
Gyáván bitorló
Elhagyatottság
Kétségbeesetten,
Mindenkitől számkivetetten,
Űzötten és rettegetten
A létért könyörög.

Szilaj ércparipáktól
Megtaposottan,
Vasabroncsba szorítottan,
Márványtömbből faragottan,
Vad mámortól űzötten
Mindig teérted léteztem,
Te önmagad megtagadó,
Féltve őrzött kincset rabló,
Kegyelemért esdeklő,
Könny-éltet teremtő,
Jajszóból, sikolyból
Tény-derűt fakasztó,
Minden tilalmat
Földig porlasztó:
Érc-csöndben Kószáló.

Mindig egyedül

Sohasem egyedül és
Mindig magányosan
Kergettem álomképeket,
Átszűrődő
Komor fényeket,
Miközben te
Fukar marokkal
Mérted magad,
S keserédes reményeket
Csepegtettél
Talányosan.

Mindig egyedül és
Sohasem magányosan,
Jártam a kibogozhatatlan
Titkok labirintusában,
Miközben te
Örvénylő vad táncot járva,
Lassú kínnal haldokoltál
Mámorosan.

Ez nem szerelem

Hogy mi ez, még nem tudom,
Mi betölt, hogyha látlak.

Azt tudom, hogy nem szerelem,
Mi ellenállhatatlanul
A megsemmisülésbe ragad
Múlhatatlanul.

Azt tudom, hogy nem vágy,
Mi menthetetlenül
Perzsel, és éget
Olthatatlanul.

Azt tudom, hogy nem kívánás,
Mi fáradhatatlanul
Komor magányba taszít,
Kérlelhetetlenül.

Talán puszta menekülés
A megátalkodott Idő
Vasabroncs-szorításából,
Ölelő-öldöklő karok oltalmából,
Megvetett és számkivetett
Árnyék-önmagamtól.

Talán halvány remény,
Hogy létezik kiút
Kételyek és hazugságok
Elátkozott és mindenható
Csábító és fogva tartó
Márvány-labirintusából.

Csak azt tudom, hogy
Évezredes magányom
Messzire száll, ha látlak,
Kín-köves utamon többé
Nem kísérnek
Jajszóval terhes
Éjszínű árnyak.

Ölelő két karod
Meghittség, oltalom,
Gyöngyvirág-sírhalom,
Hol még a könyörtelen halál is
Oly gyöngéd hatalom.

Sohase tudhatom meg

Hogy mi az, mit megszerettem benned,
Azt sohase tudhatod meg.
Sebzett lelkem tükröző
Igazi arcomat
Sohase láthatod meg.

Hogy milyennek látsz, ha rám nézel,
Azt sohase tudhatom meg.
Hogy szíved mélyén mit érzel,
Soha nem ismerhetem meg.

Mert néma vagyok és hallgatag,
Minden érzésem az arcomra fagy,
Minden vágyam téged kérlel,
Soha nem múló reménnyel.

De néma vagy és hallgatag,
S míg tekinteted oltalmat ad,
Leghűbb társam, színlelésem,
Mindörökre megmarad.

Érzéseim hazug labirintusából
Már nincsen kiút,
Kétkedésem hiú börtönéből
Nincsen menekvésem,
Megátalkodott lelkem
Sötétlő örvényéből,
S a tétova szó
Bársony érintéséből
Vajon merre visz az út,
Ha sajgó vágyad
Minden hívás ellenére
Tőlem oly messzire fut?

Szerelmedtől elmúlna
Minden szenvedésem,
Ha átölelnél és rám nevetnél,
Eltűnne minden rettegésem.

Álom-e vagy illúzió,
Amit kergetek?
Élet vagy kínhalál, mit kérhetek?
Csak kérhetek, s nem kaphatok,
Már semmi mást, csak
Ködből szőtt mámort adhatok.

S hogy mi az, mit megszerettem benned,
Azt sohase tudhatom meg.

Álom és valóság

Álom és valóság közt
Lebegve mozdulatlan,
Szemed hívó jelét
Keresve szakadatlan,
Lassan semmivé foszlik
Egész lényemet betöltő
Lüktetésed.
Lassanként megöl
Minden lépésem kísérő,
Átkozott kétkedésed.

Álommá halványul a kép,
Némává foszlik a szó,
Lassan elporlad minden,
Mi téged jelentett,
S mi maradandó.

Valósággá válik
A jajszó és a szenvedés,
Szívóssá és konokká tesz,
Lassan ható méreggé lesz
Bennem a rettegés.

Álom avagy valóság,
Ki mondja meg?
Hogy már régóta rám vársz,
S egyszer reám találsz,
Ki tagadhatja meg?
Elűzöd majd minden kételyem,
Odébbáll tőlem a félelem,
Múltam, jövőm, s jelenem
Már csak te vagy énnekem.

Álarcosbál

Örvénylő, mámoros forgatag,
Pompásan fénylő színzuhatag,
Itt semmi sem az, aminek látszik,
A délceg királyfi törpévé mállik.

Egyre sebesebben röpítő tánc,
Mindent magával ragadó,
Az élet hiúságában tobzódó,
S lassan a semmiben elhaló,
Érzéki-ördögi lánc.

Mi könyörtelen gúzsba köt,
A hazugság börtönébe lök,
Szétporladó ajándékaival
Örök révületbe taszít,
Fényeivel megvakít.

Az álarcosbál az Élet maga,
A megváltás belőle
A Halál angyala.

Azt hiszed, önként lépsz be oda:
Te, a szeretet komor dalnoka,
Holott magukkal ragadnak
Szeretetet színlelő ölelő karok,
Miközben lassanként fontolgatod:
„Immáron sohasem önmagam,
Mindig mások vágyainak,
Célja és áldozata vagyok.

S talán egyszer elhiszed, hogy
Önként kiléphetsz,
Megváltást remélhetsz.

De:

Az álarcosbál az Élet maga,
A megváltás belőle
A Halál angyala.

A pillanat

A pillanat, mi elhalad,
Vissza többé sosem jön.
A vonzás különös mámora
Ha magával ragad,
Hagyd, hogy egész lényed
Áthassa, és betöltsön
A szerelem végzete,
S lüktetésének szilaj árama
Átjárja tested minden rejtekét.

Hagyd, hogy a megszokás
Ne tépje szét
A pillanat
Ellenállhatatlan erejét,
Hogy ne kössön gúzsba
A jegeces rettegés,
Ne érintsen meg a halál
Lélek-dermesztő ölelése.

A pillanat majd magába fogad,
Örökké tartó meghittséget ad,
Ringat, mint hajó az élet tengerén,
S te megsemmisülten,
Pontnyi lényeggé szelídülten
Felolvadsz benne, s eggyé válsz
A felfoghatatlan pillanat
Kérészéltű örökkévalóságával.

Mint vízesés

Most még azt hiszed,
Öröktől fogva ismersz,
De majd
Életem útjait
Fürkészőn kutatva,
Kétely-ébresztő
Komor titkokra lelsz.

Ezer szilánkra törnek
Ábrándjaid,
Messzire futamodnak
Vágyaid,
Szertefoszlanak
Meghasonlott álmaid.

Bíborba öltöztetett
Szelíd szavad
Követelő lángjai
Elhamvadnak,
Közös létünk
Repedező márványai
Elomlanak
Egyetlen perc alatt,
S úgy hullanak alá
A töredező napok,
Mint vízesés
Apró cseppjei,
Ha megfagyott.

Aláhullanak
A szótlan némaságba,
S keringenek céltalan,
S te kergeted-űzöd őket egyre,
Lassan végre rádöbbenve:
Mindez hasztalan.

Amikor
Hasztalan már minden kérdés,
Elkopott már minden érzés,
S a legszelídebb válasz
A könyörtelen hallgatás,
Amikor már
Mindennek vége van,
S megadod magad lágyan
Az édes
Megsemmisülésnek,
A gyöngéd gyilkos-ölelésnek,
Akkor rám találsz majd,
És megértesz.

Megérted végre, hogy
Oly kevéssé birtokolhatsz,
Magadénak belőlem csak
Annyit mondhatsz,
Két kezedbe annyit foghatsz,
Mint vízesés
Apró cseppjeit,
Ha megfagyott,
S a napfény végül
A sok kis jégpáncélon
Átragyog.

Önmagam

Önmagam
Már rég elvesztettem,
Időm javarészt lepergettem,
Mi belőlük megmaradt,
Eltékozoltam percek alatt.

Állok a szakadék szélén,
Haldokolva önmagam mélyén,
Én, a magányos és számkivetett,
Űzött és megvetett,
Gyengeségében is rettegett,
Kincset mindig
Érdemtelenre pazarló,
Minden helyzettel
Gyáván megalkuvó,
Pőrére sohasem vetkezett,
Sárba-porba temetkezett
Önmagam.

Múlttól s jelentől
Megfosztott,
Eleven fájdalommal
Talpig beborított
Zord lelkem majd
Megtér oda akkor,
Ahonnan egykor
Egy gondtalan és gondatlan,
Mindenható kéz
A Semmiből
Vad önkénnyel
S kérlelhetetlen,
Vak reménnyel,

Az öncélú lét
Könyörtelenségébe,
Makacs értelmének
Szakadatlan keresésébe,
Kitaszított,
Az öntudatlan
Szunnyadás időtlenségéből
Kíméletlen erőszakkal,
A saját gyönyörűségére
Kiszakított.

Születésnapodra

Te, aki egykor
Megszülettél,
Valamikor
Az Idők kezdetén
Boldogan rám nevettél,
S kételkedő lelked
Dacára végül
Megszerettél,
Ne fossz meg, kérlek,
Mosolyod árnyékától,
Ne fossz meg végleg
Önmagadtól!

Adj időt, hogy
Megkeresselek,
Engedj magadhoz közel,
Égess el vagy ölelj,
És soha ne engedj el!

Fogd a kezem, hogy
Ne bukjak el,
Vezess, hogy
Az érzések rengetegében
Ne vesszek el!

Adj erőt, hogy
Megismerjelek,
Védj meg önmagamtól,
Hogy
Szerethesselek,
S hagyd, hogy végül
Benned vesszek el!

Visszfény

Már jártányi erőm sem maradt,
Oly kitartóan és oly régóta
Kutattalak.
Olykor azt hittem,
Megtaláltalak.

Magamhoz szorítottalak,
De csupán lobogó gyertyák
Visszfénye voltál,
Megkopott, ódon falakon
Vígan táncoló
Árnyalak.

Mi rátekintve tovalibben,
Felhők magasába röppen,
Szél szárnyán lovagol,
Erdő mélyén barangol,
S egy felszáradni képtelen
Esőcsepp mély öbleiben
Végül
Önfeledten
Elpihen
Valahol.

És ott végre megtaláltalak,
Te folyton tovalibbenő,
Mélységekbe vesző
Árnyalak,
Akit lelkem minden
Rezdületével
Magamnak
Akartalak.

Az esőcsepp, hol
Fáradt lelked megpihent
Valahol,
Rég felszáradt, s a gyertyák
Szétterülő visszfénye
Már viasszá mállott
Az ódon
Falakon.

Végső búcsú

Későre jár.
Szemed hideg tekintete
Búcsúra vár.

Lelkem halott.
Kezeddel nem simogatod.
Megtagadtál.

Nem akartál.
Könny-váramba, önmagamba
Befalaztál.

Már lassanként
Elhal bennem a szó,
Eltűnik belőlem minden,
Mi jó,
Hamuvá silányul
Varázslatod.
Arcomról szakadatlan
Könnyem csorog.

Két kezem,
Mint könnye-hullató
Halott madár,
Hever ölemben,
Siratva, mit
Meg sose tettem,
Hogy meg se öleltem.

Későre jár.
Fagyott szíved
Nem ad oltalmat már.
Fázó lelkünk
Búcsúra vár.

Szeretni téged

Hogy mit jelent szeretni téged?
Szeretni önmagam olyannak,
Amilyenné tettél,
Amilyennek megszerettél.

Örökké változó lelkem
Megnyugszik végre,
Nem bolyong többé céltalan,
Nem hiszi azt, hogy
Már minden veszve van.

Szeretni téged annyi, mint
Lelkünknek eggyé forrni,
És mégis szabadnak megmaradni,
Soha el nem múlóan téged akarni,
Örökre veled maradni,
De ha kell, bármikor félreállni.

De:

Hogy mit jelent szeretni téged,
Honnan is tudhatnám?
Csak egy szélsebesen rohanó folyó
Felszínén fel-feltünedező
Játszi tünemény,
Lelkemből kivetülő tükörkép,
Szétfoszló ködkép vagy,
Mit megölelni képtelenség,
Elűzni lehetetlenség.

Szeretni téged annyi,
Mint minden pillanatban
Ezernyi változó alakban
Újjászületni,
Az áttetsző testetlenségben
Felolvadni,
S a meghatottságtól
Reszketve végül,
Zokszó és könnyek nélkül,
Az át nem élt létbe
Csöndesen
Belehalni.

Kéz a kézben

Kéz a kézben állunk ketten,
A jövőtől kicsit megrendülten,
Mely ismeretlen és titokzatos,
Egyszerre taszít és magához vonz.

Ha visszanézel, elámulsz
A tűnő boldogság
Végeláthatatlan erdején,
És kérdezed magadtól:
Ez voltam egykor én?

Igen, ez voltál, kicsim:
Mindenség, lendület, öröm,
Bár néha fekete villámok
Cikáztak a szemöldöködön.

Kicsi lányomnak azt kívánom,
Hogy mi fény, játék, virág, álom,
A világ minden boldogsága
Terád várjon!

Hited soha el ne hagyjon,
Erőd soha el ne fogyjon,
Lendületed meg ne álljon,
És szereteted mindenkor
Rendületlenül kitartson.
Minden magánytól megóvjon,

És soha-soha,
Egyetlen egy percre
El ne feledd, hogy
A jövőtől kicsit megrendülten,
Mégis hittel a szívünkben,
Kéz a kézben állunk ketten.

Számomra a vers

Számomra a vers
Ragyogó fenség,
A tudás egén tündöklő,
Soha el nem érhető,
Metsző idegenség.

Számomra a vers
Kavicsok közt vidáman
Csörgedező,
Tiszta vizű patak,
Mely drága cseppjeiből
Olykor egy keveset
Nekem is ad.

Számomra a vers
Lelkem legmélyéből feltörő,
Minden gátat elsöprő,
Féktelen áradat,
Mely mindent eláraszt,
És minden hordalékot
Magával ragad,
Ám egyszer csak,
Valamikor,
Hívatlanul, és
Váratlanul
Mégis végleg elapad.

Csak a szó

A Pillanat,
Mit a Szó megragad,
Elillan percek alatt,
Elporlad, és belőle
Semmi se marad.

De a Szó, amely
Belőle született,
Örökké felette lebeg,
Bár lényegét nem érinti,
Legmélyebb titkait elveszíti,
Mégis új életre kelti,
Öröklétbe emeli.

A Pillanat
Így megmarad,
Átölel és simogat,
Elrejt és oltalmat ad.

A Szó a Pillanat
Lágy hullámzását
Meg nem érti,
Bár kíméletlenül
Kergeti és űzi,
Hullámait kisimítja,
Fájdalmait begyógyítja,
Keserédes mámorcseppjeit
Koszorúba fűzi.

Megért minden fájdalmat,
És minden kínt elaltat,
S az elillanó Pillanat helyett
Új hullámokat
Áramoltat.

És mégis:
Csak a Szó,
Mi tapintható,
Csak a Szó lehet
Oly szelíden hullámozó,
Mint egy édes pillanat,
Mint a tenger bársonya,
Amikor elszunnyad benne
A nap utolsó sugara.

Mert:

Csak a Szó lehet
Minden érzést betöltő,
Ezer alakot öltő,
Csak a Szó lehet
Oly mindenható,
Csak a Szó lehet
Oly csábító és csalogató,
Mint egy meghitt Pillanat.

Csak a Szó lehet
Oly simogató,
Mint a bársony,
Csak a Szó
Állíthatja meg az Időt,
És csak a Szó
Kényszerítheti
A Pillanatot
Az Örökkévalóság
Labirintus-fogságába.

A szerző

Benkő Andrea 1956. március 4-én született
Budapesten, és azóta is ott él. Életében
három vezérfonal mutatja számára az utat:
család, hivatás, írás. Evangélikus lelkész
nagyapja, valamint tudós nagybátyjai
az alapvető humánumot és a kultúra
szeretetét örökítették rá, amelyeket
igyekszik gyermekeinek, unokáinak
is átadni. A háború alatt rokonai szétszóródtak
a világban, ám ennek ellenére összetartanak.
Édesanyja családösszetartó erejének tulajdonítja
ezt, s gyermekkorától egyfajta lelki védőhálónak
érzi. Végzettsége pszichológus, pszichoterapeuta
és pszichoanalitikus. Már kicsi gyerekként nagyon
fogékony volt az emberi szenvedéssel, öregedéssel
és elmúlással kapcsolatos félelmek megértésére és
átélésére, s ez társult az embereknek való konok segíteni
akarással. Benne a hivatás és az írás egy tőből fakad, és
ugyanabból a forrásból, a magyar nyelv szenvedélyes
szeretetéből táplálkozik.
Napjainkban is dolgozik pszichoterapeutaként, és
meseírással is foglalkozik. A most megjelenő versei fiatal
korából származnak.

A kiadó

Aki feladja, hogy jobbá váljon, feladta, hogy jobb legyen!

E mottó alapján a novum publishing kiadó célja az új kéziratok felkutatása, megjelentetése, és szerzőik hosszútávú segítése. Az 1997-ben alapított, többszörösen kitüntetett kiadó az egyik legjelentősebb, újdonsült szerzőkre specializálódott kiadónak számít többek között Ausztriában, Németországban és Svájcban.

Valamennyi új kézirat rövid időn belül egy ingyenes, kötelezettségek nélküli kiadói véleményezésen esik át.

További információkat a kiadóról és a könyvekről az alábbi oldalon talál:

www.novumpublishing.hu